GRöLS Verlage

„Bücher sind wie Fallschirme. Sie nützen uns nichts, wenn wir sie nicht öffnen."

Gröls Verlag

Redaktionelle Hinweise und Impressum

Das vorliegende Werk wurde zugunsten der Authentizität sehr zurückhaltend bearbeitet. So wurden etwa ursprüngliche Rechtschreibfehler regelmäßig *nicht* behoben, denn kleine Unvollkommenheiten machen das Buch – wie im Übrigen den Menschen – erst authentisch. Mitunter wurden jedoch zum Beispiel Absätze behutsam neu getrennt, um den Lesefluss zu erleichtern.

Um die Texte zu rekonstruieren, werden antiquarische Bücher von Lesegeräten gescannt und dann durch eine Software lesbar gemacht. Der so entstandene Text wird von Menschen gegengelesen und korrigiert – hierbei treten auch Fehler auf. Wenn Sie ebenfalls antiquarische Texte einreichen möchten, finden Sie weitere Informationen auf www.groels.de

Viel Freude bei der Lektüre wünscht Ihnen das Team des Gröls-Verlags.

Adressen

Verleger: Hermann-Josef Gröls,

Im Borngrund 26, 61440 Oberursel

Externer Dienstleister für Distribution & Herstellung:

BoD, In de Tarpen 42, 22848 Norderstedt

Unsere „Edition | Werke der Weltliteratur“ hat den Anspruch, eine der größten und vollständigsten Sammlungen klassischer Literatur in deutscher Sprache zu werden. Nach und nach versammeln wir hier nicht nur die „üblichen Verdächtigen“ von Goethe bis Schiller, sondern auch Kleinode der vergangenen Jahrhunderte, die – zu Unrecht – drohen, in Vergessenheit zu geraten. Wir kultivieren und kuratieren damit einen der wertvollsten Bereiche der abendländischen Kultur. Kleine Auswahl:

Francis Bacon • Neues Organon • **Balzac** • Glanz und Elend der Kurtisanen • **Joachim H. Campe** • Robinson der Jüngere • **Dante Alighieri** • Die Göttliche Komödie • **Daniel Defoe** • Robinson Crusoe • **Charles Dickens** • Oliver Twist • **Denis Diderot** • Jacques der Fatalist • **Fjodor Dostojewski** • Schuld und Sühne • **Arthur Conan Doyle** • Der Hund von Baskerville • **Marie von Ebner-Eschenbach** • Das Gemeindekind • **Elisabeth von Österreich** • Das Poetische Tagebuch • **Friedrich Engels** • Die Lage der arbeitenden Klasse • **Ludwig Feuerbach** • Das Wesen des Christentums • **Johann G. Fichte** • Reden an die deutsche Nation • **Fitzgerald** • Zärtlich ist die Nacht • **Flaubert** • Madame Bovary • **Gorch Fock** • Seefahrt ist not! • **Theodor Fontane** • Effi Briest • **Robert Musil** • Über die Dummheit • **Edgar Wallace** • Der Frosch mit der Maske • **Jakob Wassermann** • Der Fall Maurizius • **Oscar Wilde** • Das Bildnis des Dorian Grey • **Émile Zola** • Germinal • **Stefan Zweig** • Schachnovelle • **Hugo von Hofmannsthal** • Der Tor und der Tod • **Anton Tschechow** • Ein Heiratsantrag • **Arthur Schnitzler** • Reigen • **Friedrich Schiller** • Kabale und Liebe • **Nicolo Machiavelli** • Der Fürst • **Gotthold E. Lessing** • Nathan der Weise • **Augustinus** • Die Bekenntnisse des heiligen Augustinus • **Marcus Aurelius** • Selbstbetrachtungen • **Charles Baudelaire** • Die Blumen des Bösen • **Harriett Stowe** • Onkel Toms Hütte • **Walter Benjamin** • Deutsche Menschen • **Hugo Bettauer** • Die Stadt ohne Juden • **Lewis Caroll** • *und viele mehr….*

Aristophanes
Lysistrate

Personen

Lysistrate, *aus Athen*

Kalonike, *aus Athen*

Myrrhine, *aus Athen*

Lampito, *aus Sparta*

Ein Ratsherr

Sechs Frauen

Kinesias

Herold

Spartaner

Athener

Ein Diener

Chor der athenischen alten Männer

Chor der Spartaner

Chor der athenischen Frauen

Stumme Personen:
Frauen, Sklaven, die Göttin der Versöhnung

Schauplatz: *zuerst Straße von Athen*
in der Nähe der Akropolis, dann vor der Akropolis

Erste Szene

Lysistrate*. *Kalonike*. *Myrrhine*. *Lampito *und andere Frauen*

Lysistrate *allein*:

Ja, wären sie zum Pans-, zum Bakchostempel
Bestellt, zur Kolias oder Genetyllis,
Da war' vor Pauken hier nicht durchzukommen:
Jetzt ist nicht *eine* Frau noch auf dem Platz!

Kalonike tritt auf

Da kommt doch meine Nachbarin heraus!
Willkommen, Kalonike!

Kalonike: Dank dir, Liebe! –

So finster, so verstört, Lysistrate?
Die Runzeln auf der Stirne stehn dir nicht!

Lysistrate: Ach, Kalonike, sieh, mir brennt das Herz,

Voll Ärger bin ich über uns – uns Weiber,

Daß wir, beim Männervolk verrufen als
Nichtsnutzig . . .

Kalonike *gegen das Publikum*:
Und bei Zeus, das sind wir auch!

Lysistrate: Es war doch ausgemacht: wir wollen hier
Uns treffen, wicht'ge Dinge zu beraten:
Nun schlafen sie und kommen nicht!

Kalonike: Sie kommen
Gewiß, mein Herz! Ein Ausgang macht bei Frauen
Sich nicht so leicht: man muß den Mann bedienen,
Die Knechte wecken, muß das Kind zurecht
Erst legen, sauber waschen und es füttern . . .

Lysistrate: Ei, andere Dinge, zehnmal wichtiger,
Gibt's hier zu tun!

Kalonike: Ei, sag mir doch, lieb Herzchen:
Was ist's, wozu du uns hierher beriefst?
Wie ist das Ding gestaltet?

Lysistrate: Groß!

Kalonike: Auch dick?

Lysistrate: Auch dick!

Kalonike: Wie? – Und da zögern wir zu kommen?

Lysistrate: Nicht so! – Da wären wir wohl schnell beisammen!

–

Nein, ausgespürt hab' ich ein Ding, und schlaflos
Mich manche Nacht damit herumgewälzt.

Kalonike: War schön das Ding, mit dem du dich gewälzt?

Lysistrate: So schön, daß Wohl und Weh von Hellas jetzt
In unsern, in der Frauen Hände liegt!

Kalonike: Der Frau'n? – O weh, da währt der Spaß nicht lang!

Lysistrate: In unsern Händen ruht des Landes Schicksal:
Ob wir verloren – die vom Peloponnes . . .

Kalonike: Beim Zeus, die lassen wir verloren sein!

Lysistrate: – Und die Boioter all' zugrunde gehn . . .

Kalonike: Nicht all'! Ich hoff', die Aale nimmst du aus?

Lysistrate: Von den Athenern sag' ich nichts dergleichen.
Beileibe! So was trau mir ja nicht zu!
Wenn aber hier die Frau'n zusammenkämen,
Die von Boiotien, die vom Peloponnes,
Und wir – wir, einig, könnten Hellas retten!

Kalonike: Ach geh, was werden Frau'n Vernünft'ges tun,
Ruhmvolles? – Aufgeputzt mit Blumen sitzen
Wir da, geschminkt, im safrangelben Schal,
Mit Bänderschuh'n und kimbrischen Schleppkleidern.

Lysistrate: Das eben ist's, was Rettung uns verspricht,
Die gelben Schals, die Bänderschuh', die Salben,
Die Schminke, die durchsichtigen Gewänder!

Kalonike: Wie das?

Lysistrate: Kein Mannsbild, so da lebt, soll mehr
Den Spieß erheben wider seinesgleichen –

Kalonike: Gleich lass' ich einen Safranschal mir färben!

Lysistrate: – Zum Schilde greifen!

Kalonike: Topp' Ich trag' ein Schleppkleid!

Lysistrate: – Noch ziehn ein Schwert!

Kalonike: Ich kauf' mir Bänderschuh'!

Lysistrate: Und trotzdem sind die Weiber noch nicht da?!

Kalonike: Geflogen hätten sie da kommen müssen!

Lysistrate: Gib acht, die machen's wieder gut athenisch!
Alles getan, nur leider stets zu spät! –

Auch von der Küste keine da, noch keine

Von Salamis!

Kalonike: Die sind doch früh am Tag

Schon frisch und flink am Mast und tummeln sich!

Lysistrate: Auch die Acharnerfrau'n, die ich zuerst

Vor allen hier zu seh'n geglaubt, sie kommen

Noch nicht!

Kalonike: Und doch hat Frau Theagenes

Die Hekate befragt, um herzukommen.

Doch sieh, da kommen schon etwelche! – Ei,

Und wieder andre dort! – Potz, potz, wo kommen

Die her?

Lysistrate: Von Myrrhinus!

Kalonike: Von Myrrhen riech'

Ich nichts – ein Mistbeet duftet mir entgegen!

Myrrhine und andere Frauen treten auf

Myrrhine: Ei, kommen wir zu spät, Lysistrate?

Du schweigst?

Lysistrate: Nein, Myrrhine, das ist nicht recht,

Daß du so spät kommst bei so wicht'gen Dingen!

Myrrhine: Ich suchte meinen Gürtel lang im Finstern!
Doch ist das Ding so dringend, sag's uns gleich!

Lysistrate: Ich denke doch, wir warten noch ein Weilchen,
Bis aus Boiotien und dem Peloponnes
Die Frauen da sind!

Myrrhine: Nun, ich bin's zufrieden!
Ei, siehst du dort? Da kommt schon Lampito!

Lampito und mehrere andere Frauen treten auf

Lysistrate: Ei, liebe Sparterin Lampito, willkommen!
Wie schön du bist, wie strahlend, süße Freundin!
Welch frisch Gesicht! Wie strotzt dein Leib von Kraft,
Du würgtest einen Stier –

Lampito: Bim Tonner ja!
Drum turn i brav und schlah d'Füß recht a ds Füdle.

Lysistrate *sie betastend*:
Was hast du da für dralle, runde Brüste!

Lampito: Nu, leut mi ga, i bi keis Opfertier.

Lysistrate: Das junge Weibchen da, wer ist denn die?

Lampito: Es fürnehms Wybervolch, bim Tonner, die
Chunt vo Boiotien.

Lysistrate: Ei, Boioterin,
Schön ist dein Unterland!

Kalonike: O freilich, ja,
Und säuberlich gejätet und gerupft!

Lysistrate: Und wer ist die?

Lampito: My Seel, das ist e bravi,
Die chunt de vo Korinth!

Lysistrate *sie betastend*: O ja, 'ne Brave:
Man kennt die Vögel an den Federn schon!

Lampito: Wer het de all das Wybervolch hierher
Yglade?

Lysistrate: Ich!

Lampito: So säg, was wottst de jiz
Vo üs da zäme?

Myrrhine: Ja doch, liebes Weibchen,
Trag vor, was du uns Wichtiges hast zu sagen!

Lysistrate: Sogleich! Nur eine kleine Frage müßt
Ihr mir erlauben!

Myrrhine: Frage, was du willst!

Lysistrate: Verlangt euch nach den Vätern eurer Kinder,
Die noch im Feld sind, nie? – Ich weiß, nicht *eine*
Von euch hat ihren Mann bei sich daheim!

Kalonike: Fünf Monat' ist mein Mann schon fort, der Ärmste!
In Thrakien, um auf Eukrates zu achten.

Lysistrate: Der mein' in Pylos, über sieben Monde.

Lampito: Und myne, chunt er einisch us em Lager,
Grad packt er wieder uf und geit i Chrieg.

Lysistrate: Die Buhler auch sind rein wie weggeblasen!
Seit die Milesier uns verraten, kam
Mir kein achtzölliger Tröster mehr vor Augen,
Ein Notknecht nicht einmal, ein lederner! –
Sagt, würdet ihr nun wohl, wenn ich das Mittel
Euch sag', dem Krieg ein Ende machen?

Myrrhine: Ich,
Bei Gott, sogleich, und müßt' ich meinen Rock
Versetzen und das Geld noch heut vertrinken!

Kalonike: Und ich, zur Butte ließ' ich gleich mich spalten
Und gäb' die eine Hälfte gern dafür!

Lampito: Was? Mir wär der Taygetos nit z'höch,
Wenn i der Friede nume fand den obe!

Lysistrate: Nun hört! Ich will's euch länger nicht verhehlen!
Wir Frauen müssen – wollen wir die Männer
Im Ernst zum Frieden zwingen – künftig uns
Enthalten . . .

Myrrhine: Wessen?

Lysistrate: Könnt ihr euch entschließen?

Myrrhine: Wir werden's tun, und wär' es unser Tod!

Lysistrate *feierlich*:
Der Männer müssen wir uns streng enthalten!
Bewegung unter den Weibern
Was wendet ihr euch ab, wo wollt ihr hin?
Was schüttelt ihr die Köpf und beißt die Lippen?
Wie? Ihr verfärbt euch? Wischt euch Tränen ab?
Sprecht, wollt ihr oder nicht? Was habt ihr vor?

Myrrhine: Das tu' ich nicht! Nein! – Laßt dem Krieg den Lauf!

Kalonike: Mein Seel, auch ich nicht! – Laßt dem Krieg den Lauf!

Lysistrate: So sprichst du jetzt, du Butte? Eben erst
Noch wolltest du dich gern halbieren lassen!

Kalonike: Sonst alles, alles, was du willst! Ich geh'
Durchs Feuer dir, nur laß den Teuern mir!
Lysistrate, ich kann nicht, Liebste, nein!

Lysistrate *zu einer anderen Frau*:
Und du?

Frau: Auch ich – durchs Feuer geh' ich lieber!

Lysistrate: O durch und durch verbuhlt ist dies Geschlecht!
Kein Wunder, macht man Trauerspiel' aus uns!
„Poseidon und der Kahn“ – so sind wir alle!
Doch du, spartan'sche Freundin, wenn nur du
Mir bleibst, wir beide setzen's doch noch durch!
Schlag dich zu mir!

Lampito: Das ist bi Gott verflucht!
Me cha doch ohni Chilter nit in ds Bett –
Sinnt nach
Nu, we's nit anders ist, 's muß Friede gä!

Lysistrate *bittend*:
O Liebste, du, das einz'ge Weib von allen –

Myrrhine: Und wenn wir nun – was Gott verhüt'! – uns wirklich
Enthielten, brächten wir's dadurch denn eher
Zum Frieden?

Lysistrate: Bei Demeter! ganz gewiß!
Wir sitzen hübsch geputzt daheim, wir gehn
Im Florkleid von Amorgos, halbentblößt,
Mit glattgerupfter Schoß vorbei an ihnen:
Die Männer werden brünstig, möchten gern,
Wir aber kommen nicht – rund abgeschlagen! –
Sie machen Frieden, sag' ich euch, und bald!

Lampito: Chum het der Menelaus der blutte Lena
Ds Vorume gseh, so gheit er ds Schwert grad weg.

Myrrhine: Und wenn die Männer dann uns sitzen lassen?

Lysistrate: Dann folg dem Rate des Pherekrates
Und „schinde den geschundnen Hund"!

Myrrhine: Dumm Zeug
Solch Affenspiel! – Und wenn sie uns zur Kammer
Ziehn mit Gewalt?

Lysistrate: Dann hältst du dich am Pfosten!

Myrrhine: Und wenn er schlägt?

Lysistrate: Dann mach's ihm, aber schlecht!
Wo man Gewalt braucht, ist die Lust nicht groß!
Verleid' es ihm auf jede Art, er läßt
Dich schon in Ruh! Der Mann hat keine Freude,
Wenn ihm das Weib nicht gern zu Willen ist.

Myrrhine: Nun, wenn ihr meint, wir stimmen auch dafür!

Lampito: *Mir* wei de üsi Manne scho rangschiere,
Daß sie der Friede halte, wie sich's g'hört.
Doch hie z' Athen, wer wird das Hudelvolch
Bha könne, daß sie nit de Löle mache?

Lysistrate: *Wir* setzen's hier schon durch, sei ohne Sorge!

Lampito: 'S git nüt drus, wenn sie geng no Schiff aschaffe
U ds Gold i Hüffe uf der Burg dalyt.

Lysistrate: Auch dafür ist aufs beste schon gesorgt.
Wir werden heute noch die Burg besetzen:
Die ältsten Fraun sind schon beordert, während
Wir hier verhandeln – scheinbar, um zu opfern –
Hinaufzusteigen und die Burg zu nehmen!

Lampito: D' Sach gfiel mir! Du hest recht, es wird scho ga!

Lysistrate: Nun, Lampito, so laß uns gleich den Eid
Des Bundes schwören, heilig, unverbrüchlich!

Lampito: So säg d'r Eid is vor, mir schwöre nache.

Lysistrate: Wo ist die Skythin?

Ein bewaffnetes Weibsbild tritt vor

Du, wo glotzt du hin?

Leg auf den Rücken deinen Schild! Hierher!

Gebt mir das Opfer her!

Kalonike: Lysistrate!

Was wird das für ein Schwur?

Lysistrate: „Wir schwören auf
Den Schild“ – so, hör' ich, steht's im Aischylos –
„Schlachtend ein Schaf!“

Kalonike: Nein, nein, Lysistrate,
Nicht auf den Schild, wenn sich's um Frieden handelt!

Lysistrate: Wie soll der Schwur denn sein?

Kalonike: Wär' nur zu kriegen
Ein Schimmel, um zum Eid ihn abzuschlachten!

Lysistrate: Wozu das weiße Pferd?

Kalonike: Wie schwören wir

Denn sonst?

Lysistrate: Das will ich, wenn du willst, dir sagen!

'nen mächt'gen schwarzen Humpen drehn wir um,

Schlachten ein – Faß voll Thasierwein und schwören:

Nie komm' ein Tropfen Wasser in den Humpen –

Lampito: Das ist en Eid, da gfallt mer ganz meineidig!

Lysistrate: So schafft den Humpen und das Faß heraus!

Eine Sklavin bringt beides

Kalonike: Ei, liebe Frau'n, ist das ein Riesenhumpen!

'ne wahre Lust ist's, nur ihn anzufassen!

Lysistrate *zur Sklavin*:

Nun reich ihn her und gib mir dort den Schafbock!

Betend

Nimm, Peitho du, und du, Pokal des Bundes,

Dies Opfer gnädig auf und hold den Frauen!

Kalonike: Schön ist die Farbe, herrlich springt das Blut!

Lampito: Bim Hell! U's schmökt wie Veieli u Rösli.

Lysistrate: Laßt mich zuerst nur schwören, liebe Frau'n!

Faßt den Humpen

Kalonike: Bei Aphrodite, nein, wir müssen losen!

Lysistrate: Komm, Lampito! Faßt all' den Humpen an!
Und eine spricht für euch den Eid mir nach!
Und ihr bekräftigt dann zugleich den Schwur!
Alle berühren den Humpen
Nie soll ein Buhler noch ein Ehemann –

Kalonike *nachsprechend*:
Nie soll ein Buhler noch ein Ehemann –

Lysistrate: Mir nah'n mit steifer Rute – Sprich doch nach!

Kalonike *zögernd*:
Mir nah'n mit steifer Rute! – Weh, mir brechen
Die Knie zusammen! Ach, Lysistrate!

Lysistrate: Zu Hause will ich sitzen unberührt –

Kalonike: Zu Hause will ich sitzen unberührt –

Lysistrate: Im gelben Schal, geschminkt und schön geputzt –

Kalonike: Im gelben Schal, geschminkt und schön geputzt –

Lysistrate: Will meinen Mann in helle Flammen setzen –

Kalonike: Will meinen Mann in helle Flammen setzen –

Lysistrate: Und nie, so viel an mir, mich ihm ergeben –

Kalonike: Und nie, so viel an mir, mich ihm ergeben –

Kalonike: Und wenn er mit Gewalt mich zwingen will –

Kalonike: Und wenn er mit Gewalt mich zwingen will

Lysistrate: Verderb' ich ihm den Spaß und rühr' mich nicht –

Kalonike: Verderb' ich ihm den Spaß und rühr' mich nicht –

Lysistrate: Streck' auch zur Decke nicht die Perserschuh' –

Kalonike: Streck' auch zur Decke nicht die Perserschuh' –

Lysistrate: Spiel' nicht ›die Löwin auf der Käseraspel‹ –

Kalonike: Spiel' nicht die ›Löwin auf der Käseraspel‹ –

Lysistrate: Halt' ich mein Wort, dann labe mich der Humpen!

Kalonike: Halt' ich mein Wort, dann labe mich der Humpen!

Lysistrate: Und brech' ich's je – so füll' er sich mit Wasser!

Kalonike: Und brech' ich's je – so füll' er sich mit Wasser!

Lysistrate: Beschwört ihr alle dies?

Alle: Bei Zeus, wir schwören!

Lysistrate: Nun denn, den Weihtrunk!

Gießt das Trankopfer aus und trinkt

Kalonike: Laß auch mir was übrig,

Damit wir gute Freunde sind und bleiben!

Der Humpen geht herum. – Weibergeschrei hinter der Szene

Lampito: Was ghört me juzge?

Lysistrate: Wie ich euch gesagt:

Die Weiber haben schon die Burg der Göttin

Genommen! Geh nun, liebe Lampito,

Und bringe du bei euch die Sach' in Ordnung!

Und diese *auf die übrigen spartanischen Frauen deutend*

läßt du hier bei uns als Geiseln! –

Lampito ab

Wir gehn hinein, mit denen in der Burg

Vereinigt fest die Tore zu verrammeln!

Kalonike: Ja, aber glaubst du nicht, die Männer werden

Bald gegen uns marschieren?

Lysistrate: Pah? Was tut's?

Laß sie nur kommen, Feuerbrände schwingen

Und drohn, sie bringen dieses Tor nicht auf,

Es sei denn, daß sie unserm Pakt sich fügen.

Kalonike: Bei Aphrodite, nein! Man hieß' umsonst
Uns Frau'n unbändig ja und unbezwinglich!

Alle ab

Zweite Szene

Chor der Männer**. **Chor der Weiber**. Später ein **Ratsherr** mit zwei Polizeischergen. Dann **Lysistrate** und **andere Weiber

Der Chor der alten Männer tritt in die Orchestra mit Glutpfannen, Holzklötzen usw.

Chorführer *zu einem der Choristen*:
Voran nur, Drakes, marsch voran! Und beißt dich auch die Schulter
Vom schweren, grünen Ölbaumklotz, mit dem du dich beladen!

Erster Halbchor: „Weh, Unvorgeahntes kommt
Oft im langen Leben“:
Wer hätt', o Strymodoros, sich
Je versehn der Kunde:
Daß unsre Weiber, die zu Haus
Wir pflegen, uns zur Qual und Pein,
Das heil'ge Holzbild nehmen, keck

Sich unsrer Burg bemächt'gen und
Die Propylä'n verrammeln!

Chorführer: Nun denn, so stürmen wir hinauf, hinan zur Burg, Philurgos!
Rund um die Weiber häufen wir hier auf die Stämm' und Klötze,
Und alle, die die Freveltat beschlossen und begonnen,
Auf *einem* Holzstoß, *eines* Sinns, mit eigner Hand verbrennen
Wir all' zusammen; doch zuerst muß dran das Weib des Lykon!

Zweiter Halbchor: Nein, spotten, bei Demeter, soll
Meiner nicht das Weibsvolk!
Kam doch Kleomenes, der einst
Diese Burg erobert,
Nicht ungerupft von hinnen; so
Lakonisch wild er auch geschnaubt,
Die Waffen streckt' er doch vor mir
Und zog davon im schäb'gen Wams,
Verhungert, schmutzig, unrasiert,
Sechs Jahr' lang ungewaschen!

Chorführer: So grausam hab' ich zugesetzt in alter Zeit dem Manne,
Mit siebzehn Rotten, Schild an Schild, hier vor dem Tore –

schlafend! –
Und die da, dem Euripides verhaßt und allen Göttern,
Die sollen vor der Nase mir *den* Frevel wagen dürfen?
Da müßt' in Marathon von mir kein Siegesdenkmal stehen!

Erster Halbchor: Nur diese kleine Strecke Wegs
Anzusteigen hab' ich noch
Zur Burg, dem steilen Ziel, das ich erklimme!
Will's Gott, so schleppen wir die Last
Ohne Esel auch hinauf.
Au! Die Tragestangen haben mir die Schultern wundgedrückt!
Aber dennoch: Marsch hinauf,
Blast das Feuer wieder an,
Daß es uns am Ziel des Marsches unversehens nicht erlischt.
Puh! Puh!
Uh! Welch ein Rauch! Uh! Huh!

Zweiter Halbchor: Uh! Potz Herakles! Schrecklich raucht's
Aus der Pfann' heraus, und wie
Ein toller Hund, so beißt mich's in die Augen!
Ja, meiner Treu, das qualmt gerad
Auf aus Lemnos' Feuerschlund:
Denn sonst lähmt' es zum Ersticken nicht den Atem mir im

Schlund!
Vorwärts, auf zur Burg hinan!
Auf, und springt der Göttin bei,
Nie bedurfte sie, o Laches, unsrer Hilfe mehr als jetzt!
Puh! Puh!
Uh! Welch ein Rauch! Uh! Huh!

Chorführer: Den Göttern sei's gedankt, die Glut flammt auf und lodert munter!
Ich denke nun, wir legen hier die Tragestangen nieder!
Und stecken in die Feuerpfann' das Rebenreis und zünden
Die Fackeln an und stürzen los aufs Tor mit Sturmbockstößen!
Und wenn auf unsern Ruf die Frau'n uns nicht den Riegel öffnen,
Dann stecken wir das Tor in Brand, daß sie im Rauch ersticken!
So! – Machen wir's uns leicht! – *Sie laden ab*
Puh! Puh! Ist das ein Rauch – Potz Wetter!
Will keiner denn der Admiräl' in Samos mit anfassen?
So! – Nun, da liegt's, das hat mir lang genug gekrümmt das Rückgrat!
Nun, Pfanne, halt dich gut und laß die Kohlen lustig glühen

Und laß geschwind die Fackel hell auflodernd mich herausziehn!

Sie zünden die Fackeln an

Hilf, Nike, daß wir in der Burg den Übermut der Weiber
Jetzt züchtigen und über sie ein Siegsdenkmal errichten!

Sie legen Feuer an

Der Chor der alten Weiber eilt von der andern Seite mit Wasserkrügen in die Orchestra

Chorführerin: Da steigt ja Rauch und Qualm empor: seht ihr es nicht, ihr Frauen?
Es brennt! Es brennt! Nur schnell herbei! Zu Hilf, zu Hilf, zu Hilfe!

Erster Halbchor der Frauen:
Herbei im Flug, Nikodike!
Kritylla, Kalyke wird sonst
Verbrannt, vom Rauch und Flammenhauch
Erbarmungsloser Gesetz' umqualmt,
Vom verderbendrohenden Männervolk!
Aber besorgt macht mich nur eins: werd' ich zu spät nicht kommen?
Eben am Born hab' ich den Krug voll mir geschöpft in der Dämm'rung,

Mühsam genug, unter dem Lärm und dem Gedräng' um den Bronnen
Und dem Geklirr der Krüge!
. . . .
Von den Mägden gedrückt und gebrandmarkten Kerls
Schlug ich mich durch, lief mit dem Krug
Eilig hierher, Wasser den Frau'n
Meines Quartiers, denen der Tod
In Flammen droht, zu bringen.

Zweiter Halbchor der Frauen:

Denn rauchumwirbelte Greise, hört'
Ich, stürmen heran, mit Klötzen bepackt,
Nicht anders, als wollten sie heizen ein Bad,
Und keuchend unter der schweren Last
Die gräßlichsten Drohungen stoßen sie aus:
Rösten auf Glut müsse man, denkt, all' die verworfenen Weiber!
Göttin, ach, nie laß sie mich sehn sterben in lodernden Flammen,
Laß sie vom Kampf, Wahnsinn und Krieg endlich einmal
Hellas und uns erlösen!
Denn darum nur, Schutzgöttin der Burg

Mit dem goldnen Helm, ist besetzt dein Haus!
Darum dich selbst rufen wir an:
Streite mit uns, Herrin, und hilf,
Wenn sie verbrennen das Männervolk will, –
O hilf uns Wasser tragen!

Chorführerin *zum Männerchor*:
Du, laß das sein! Wozu denn dies, erboste Bösewichter?
So handelt doch gewiß kein Mann von Gottesfurcht und Ehre?

Chorführer: Da stoßen uns ja Händel auf, ei, ei, ganz unerwartet!
Ein Schwarm von Weibern kommt daher, die Tore zu verteid'gen!

Chorführerin: Ihr fürchtet euch vor uns, nicht wahr? Wir sind euch allzuviele,
Und doch ist's kein Zehntausendstel von uns, was ihr hier sehet!

Chorführer *zu einem vom Chor*:
Hör, Phaidrias, das lassen wir uns von den Weibern sagen?
Kommt, laßt auf ihrem Leib uns gleich entzwei die Knüttel schlagen!

Chorführerin: So? – Stellen wir zu Boden auch die Krüg', um frei die Arme
Zu haben, wenn sie Hand an uns zu legen sich erfrechen!

Chorführer: Beim Zeus! Wenn einer ihnen, wie dem Bupalos, zwei-, dreimal
Nur schlug' auf Maul und Backen, oh, sie würden bald verstummen!

Chorführerin: Ei wie? So schlag doch zu, da sieh, ich biete dir die Wange!
Dann aber nimmt am Hodensack nie wieder dich 'ne Hündin!

Chorführer: Schweigst du nicht still, so werd' ich jung dich rupfen, alte Vettel!

Chorführerin: Komm, wag's mit *einem* Finger nur, Stratyllis zu berühren!

Chorführer: Wenn meine Faust sie malmt zu Brei, wie willst du dann sie rächen?

Chorführerin: Ich? – Mit den Zähnen reiß' ich Lung' und Darm dir aus dem Leibe!

Chorführer: Ja, weiser als Euripides ist auf der Welt kein Dichter!
Schamloser aber kein Geschöpf auf Erden als die Weiber!

Chorführerin *zu einer vom Frauenchor*:
Rhodippe, nun ist's Zeit, zur Hand den Wasserkrug zu nehmen!

Sie gehn mit den Wasserkrügen auf den Männerchor los

Chorführer: Wie? Gottvergessenes Weibervolk, du kommst daher mit Wasser?

Chorführerin: Und du mit Feuer, Leichnam, du? Willst du dich selbst verbrennen?

Chorführer: Für deine saubern Schwestern steck' ich gleich in Brand den Holzstoß!

Chorführerin: Und ich – für deinen Holzstoß hab' ich Wasser hier zum Löschen.

Chorführer: Mein Feuer löschen willst du mir?

Chorführerin: Das will ich gleich dir zeigen!

Chorführer *die Fackel schwingend*:
Soll ich denn ohne weiteres nicht an dieser Glut sie braten?

Chorführerin: Komm! Wenn du Seife hast, ich will ein Bad dir zubereiten.

Chorführer: Du alte Vettel, mir ein Bad?

Chorführerin: Und noch dazu ein Brautbad!

Chorführer: Habt ihr gehört, wie unverschämt?

Chorführerin: Frei bin ich, frei geboren!

Chorführer: Wart nur, ich stopfe dir das Maul!

Chorführerin: Dann hast du ausgerichtet!

Chorführer: Brennt ihr die Haar' an auf dem Kopf!

Chorführerin: Ergeuß dich, Acheloos!

Sie begießen die Männer

Chorführer: O weh mir Armem!

Chorführerin: War es warm?

Chorführer: Warm?! – Halt! Hör auf! Was machst du?

Chorführerin: Ich
Begieß' dich, daß du wieder grünst!

Chorführer: Ich bin ja mürb und klapperdürr!

Chorführerin: Nun gut, du hast ja Feuer, geh, und heize mit dir selber!

Ein Ratsherr tritt auf mit zwei Polizeischergen

Ratsherr: Nun kommt zu Tag der Weiber Übermut,
Ihr Paukenwirbel, ihr Sabaziostaumel
Und ihr Adonisheulen auf den Dächern,
Wie's in der Volksversammlung war zu hören!
Da riet Demostratos in böser Stunde
Zur Heerfahrt nach Sizilien! – Tanzend schrie
Das Weib: ›Adonis, weh!‹ – Demostratos
Rief: ›In Zakynthos hebet Mannschaft aus!‹
Und auf dem Dache taumelnd schrie das Weib:
›Wehklaget um Adonis!‹ – Doch er setzt'
Es durch, der tolle, gottverfluchte Bube!
Seht, *dahin* führt ihr wilder, wüster Taumel!

Chorführer: Nun hör erst, wes sich diese da erfrecht!
Zu anderm Unfug haben sie mit Krügen
Uns überschüttet, daß, die Kleider schüttelnd,
Wir tropfen, gleich als hätten wir uns bepißt.

Ratsherr: Geschieht euch recht, beim Wassermann Poseidon!
Denn wenn wir selbst zur Schlechtigkeit die Weiber

Anlocken und zur Üppigkeit erziehn,
Dann schießt die Saat auf, die wir selbst gesät. –
Wir treten in die Bud' und sprechen: ›Goldschmied,
Am Halsband, das du meiner Frau gefertigt,
Ist leider gestern abend ihr beim Tanz
Die Eichel aus dem Loch gefallen! Ich
Muß heut nach Salamis: drum, wenn du irgend
Heut kannst, so geh am Abend hin und setze
Ihr kunstgerecht die Eichel wieder ein!‹
Ein andrer spricht zum Schuster, der robust
Und jung ist und den größten Leist besitzt:
›Hör, lieber Schuster, meine Frau, die drückt
Der Schuh gewaltig, grad da vorn: sie ist
Gar zart: drum sei so gut und komm zu Mittag
Und zieh ihn übern Leist und mach ihn weiter!‹ –
So machen wir's, da sehn wir nun die Folgen! –
Ratsherr bin ich, ich soll Matrosen schaffen,
Ich brauche Geld im Augenblick, und finde
Das Burgtor nun versperrt durch diese Weiber.
Da ist jetzt keine Zeit zum Müßigstehn!
Zu den Schergen:

Brechstangen her, ich will den Unfug enden:
Maulaffe, gaffst du? – He, wo guckst du hin?
Nach einer Kneipe schaust du, fauler Bengel!
Gleich schiebt den Balken unters Tor und hebt
Den Flügel aus: den andern will ich selbst
Ausheben helfen! –

Lysistrate und andere Frauen treten heraus

Lysistrate: Ganz unnöt'ge Mühe!
Ich komme selbst heraus! – Wozu die Stangen?
Nicht Stangen – nein, Verstand bedarf es hier!

Ratsherr: So? Wirklich, Schändliche? Wo ist der Scherge?
Pack sie und bind' die Hand' ihr auf den Rücken!

Lysistrate: Rührt er mich an, nur mit der Fingerspitze,
Bei Artemis, der Scherge soll's bereu'n!

Ratsherr *zum Schergen*:
Kerl, hast du Furcht? Gleich packt sie um den Leib!
Ihr werdet doch selbzweit sie knebeln können?

Eine andere Frau: Du, legst du Hand an sie, bei Pandrosos!
Ich tret' auf dir herum, bis daß du kackst!

Ratsherr: ›Du kackst!‹ Ei sieh! – Wo ist der andre Scherge?
Gleich packt sie! – Hängt auch die ihr Maul noch drein?

Dritte Frau: Die Hand davon! Wenn du sie nur berührst,
Bei Hekate, so mußt du heut noch schröpfen!

Ratsherr: Was war das? – Kerl, wo bist du? Halt mir die!
Ich will euch schon den Ausgang hier versperren!
Wirft das Tor zu

Lysistrate: Bei Tauris' Göttin, nahst du ihr, ich reiß'
Dir aus die „wehgeheulumstöhnten" Haare!

Ratsherr: O weh, die Mannschaft geht mir aus! – Gleichviel!
Vor Weibern werden wir doch wohl nicht weichen!
Wir rücken auf sie los vereint, ihr Skythen,
In Reih und Glied!

Lysistrate: Dann, bei Demeter, sollt
Ihr finden, daß auch hier bei uns, dort innen
Vier Kompanien streitbare Weiber sind!

Ratsherr: Die Hände bindet ihnen, schnell, ihr Skythen!

Lysistrate *reißt das Tor wieder auf*:
Hallo, ihr Waffenschwestern, kommt heraus,
Ihr Rübenkohlgemüsebutterweiber,

Ihr Zwiebelkäsebäckerkneipenfrau'n,
Rauft, schlaget, stoßet, kratzt, zu Hilfe, zu Hilfe!
Schreit, schimpfet, flucht, schweinigelt, spuckt sie an!
Die Weiber dringen heraus und auf die Skythen los. Handgemenge
Zieht euch zurück! Genug! Halt! Keine Plünd'rung!

Ratsherr: O weh, mein Heer ist übel zugerichtet!

Lysistrate: Du glaubtest wohl, nur ein paar Mägde hier
Zu finden? Ist dir nicht bekannt, daß Weiber
Auch Galle haben?

Ratsherr: Beim Apollon, viel,
Zumal wenn in der Näh' ein Wirtshaus ist!

Chorführer: Verschwendet, edler Ratsherr, hast du nun genug der Worte!
Was läßt du mit den Bestien auch dich ein in lange Reden?
Vergaßt du ganz die Wäsche, die mit uns in unsern Kleidern
Sie vorgenommen kaum zuvor, und erst noch ohne Lauge?

Chorführerin: Narr, darf man mir nichts dir nichts auch sich so an seinem Nächsten
Vergreifen? Wie du's wieder wagst, gleich setzt es blaue Augen!
Ich will ja gerne ruhig sein und sittsam, wie 'ne Jungfer,

Ich tue keiner Seele was, kein Wasser will ich trüben,
Nur muß man in mein Wespennest nicht stechen, noch mich reizen!

Chor der Männer *zum Ratsherrn*:
Aber, o Zeus, was beginnen wir nun mit den Bestien?
Auszuhalten ist's nicht länger, kommen muß man auf den Grund
Endlich der Sache, warum
Sie die Kranaerfeste besetzt,
Die erhabene Felsenburg,
Der Akropolis
Heilig unnahbaren Raum!

Chorführer: So befrage sie denn, doch zu gläubig sei nicht, und erforsche nur alles recht gründlich:
Denn es wäre ja Schmach, ohne scharfes Verhör die Geschichte so gehen zu lassen!

Ratsherr *zu Lysistrate*:
So verlang' ich denn nun zu erfahren, bei Zeus, von euch Weibern die lautere Wahrheit:
Was bewog euch, sagt, zu verschließen die Burg und die Tore vor uns zu verrammeln?

Lysistrate: Nur in Sicherheit brächten wir gerne das Geld, nicht verführen euch soll es zum Kriege!

Ratsherr: So? Ist denn das Geld Ursache des Kriegs?

Lysistrate: Und die Ursach' aller Verwirrung!
Nur damit sich Peisandros besacken kann und die Stellenjäger, drum rühren
Stänk'reien sie auf! Nun, meinthalb wohl! Die mögen nun ganz nach Belieben
Hantieren in Zukunft! Die Gelder jedoch sind vor *ihren* Krallen gesichert!

Ratsherr: Ei, was hast du denn vor?

Lysistrate: Und das fragst du mich noch? – Wir verwalten fortan die Finanzen!

Ratsherr: Das wollt ihr, verwalten den Schatz wollt *ihr?*

Lysistrate: Und was hast du dagegen zu sagen?
Und verwalten wir denn nicht das Geld auch zu Haus, da ja alles durch unsere Hand geht?

Ratsherr: Das ist nicht das gleiche!

Lysistrate: Wieso denn?

Ratsherr: Das Geld ist bestimmt zu den Kosten des Krieges!

Lysistrate: Unnötig vor allem ist eben der Krieg!

Ratsherr: Ei, wie sollen wir sonst denn uns retten?

Lysistrate: *Wir* werden euch retten!

Ratsherr: Wer? – Ihr?

Lysistrate: Ja, wir! Wir selber!

Ratsherr: Daß Gott sich erbarme!

Lysistrate: Und wir werden dich retten, auch wenn du dich sträubst!

Ratsherr: Wie vermessen!

Lysistrate: Du ärgerst dich fruchtlos,
Und es wird doch geschehn, und es muß doch geschehn!

Ratsherr: Bei Demeter, das wird nicht geduldet!

Lysistrate: Ja, wir retten dich doch!

Ratsherr: Wenn ich aber nicht will?

Lysistrate: Dann gerade nur um so gewisser!

Ratsherr *zu einer andern Frau*:
So sagt doch, wie kam euch die Grille zu Sinn, euch um Frieden und Krieg zu bekümmern?

Frau: Das bericht' ich dir gleich!

Ratsherr: So berichte nur schnell, sonst kriegst du noch –

Lysistrate: Hör mich und bleibe
Mit den Händen nur ruhig, und halte dich still!

Ratsherr: Ich vermag es nicht! Halte da einer
Die Hände zurück in der Wut!

Frau: Ei! ei! Da kriegst du nur um so gewisser!

Ratsherr: Das, krächzende Vettel, weissagst du dir selbst!
Zu Lysistrate So berichte denn du mir!

Lysistrate: Das werd' ich!
Wir ertrugen es stets in der vorigen Zeit und im Jammer des Krieges geduldig,
Sittsamer Natur, wie wir Frauen nun sind, wie ihr Männer auch immer es triebet.
Wir durften nicht mucksen, so hieltet ihr uns! Und ihr wart doch gewiß nicht zu loben!
Wir durchschauten euch wohl, und wir ahnten nichts Guts, und da kam denn, wenn wir zu Hause
Still saßen, zu Ohren uns oft, wie verkehrt ihr die wichtigsten Dinge behandelt!
Da fragten wir wohl euch, im Herzen betrübt tief innen, doch

lächelnden Mundes:
›Was habt ihr im Rate des Volks heut früh nun wegen des Friedens beschlossen?
Was kommt an die Säule?‹ – ›Was kümmert das *dich?*‹ – war die brummende Antwort des Mannes.
›Ich rate dir, schweig!‹ – Und ich schwieg!

Frau: Ei was? Ich hätte gewiß nicht geschwiegen!

Ratsherr: Hätt'st du nicht geschwiegen, so hätt'st du geschrien!

Lysistrate: So schwieg ich denn lieber zu Hause!
Nicht lange, so hörten wir wieder: ihr habt noch verkehrtere Dinge beschlossen!
Und so fragten wir wieder: ›Nein, sage mir, Mann, was macht ihr für dumme Beschlüsse?‹ –
Da sah er mich an von der Seit' und begann: ›Wenn du ruhig nicht bleibst bei dem Webstuhl,
Dann setz' ich zurecht dir den störrigen Kopf! „Denn der Krieg ist die Sache der Männer"!‹

Ratsherr: Und er hat dir's, bei Zeus, wie er mußte, gesagt!

Lysistrate: Wie er mußte? Wieso, du Verdammter?
Zu verbieten den Frau'n, mit ersprießlichem Rat euch Übelberatnen zu dienen?
Und doch haben wir selbst auf den Straßen gehört, wie ihr unverhohlen euch ausspracht:
›Nicht ein einziger *Mann* ist im Lande, bei Zeus!‹ – ›Nicht *einer!*‹ – erwidert der andre. –
Drum beschlossen wir Frau'n in gemeinsamem Rat, nicht länger zu säumen und Hellas
Zu erretten noch heut! Denn was hätt' es genutzt, mit Worten die Zeit zu verlieren!
Wenn Gehör uns zu schenken ihr also gewillt und stille zu schweigen, wie wir es
So lang schon getan, dann kommen wir Frau'n mit verständigem Rat euch zu Hilfe.

Ratsherr: *Ihr? – Uns?* – Wie verrückt! Heilloses Geschwätz! Das soll ich ertragen?

Lysistrate: Kein Wort mehr!

Ratsherr: Kein Wort mehr, Verfluchte? So spricht man mit mir? Vor der Haube da soll ich verstummen
Auf dem Weiberkopf? Nein, lieber den Tod!

Lysistrate: Wenn dieses allein dir noch Skrupel macht,
Dann komm und empfange die Haube von mir:
Gibt sie ihm
Da, nimm nur, und setze sie dir auf den Kopf!
So! So! und schweig mir hübsch stille!

Eine andere Frau: Da, nimm auch, mein Bester, den Gürtel dazu!

Eine Andere: Und ich gebe dir drein noch den Handkorb!

Lysistrate: Nun, schürze dich auf, kratz Wolle, mein Schatz,
Und iß Bohnen dazu!
„Doch der Krieg ist die Sache der Weiber!“

Chorführerin *zum Frauenchor*:
Laßt eure Krüge stehn, ihr Frau'n, wir wollen jetzt nach Kräften
Tun unsre Schuldigkeit und rasch den Schwestern an die Hand gehn!

Sie stellen die Wasserkrüge auf die Bühne

Chor der Weiber: Wahrlich, erschlaffen nicht soll mir im Reigen der flinke Fuß,
Lässiges Ermatten beschleiche, lähme mir nie das gelenkige Knie!

Mit den Schwestern verbind' ich mich kühn,
Mit den tapfern, zu jeglicher Tat:
Denn es schmücket sie Liebreiz, Verstand,
Patriotischer Mut,
Tapferkeit, Feuer und Geist!

Chorführerin: Mannhafter Urahninnen Töchter, ihr,
Brennesseln vergleichbare Mütter,
Rückt grimmig nun an, ohn' Erbarmen dringt vor, denn der Wind ist noch immer euch günstig!

Lysistrate: Und wenn einst Aphrodites, der kyprischen, Hauch und der seelenerfreuende Eros
In Herzen und Hüften die Sehnsucht euch weckt und die Glut des Verlangens entzündet
Und die süße Begier auch den Männern erregt und den Reiz inbrünstiger Spannung:
Als Friedensfürstinnen werden uns dann die Hellenen mit Jubel begrüßen!

Ratsherr: Ei! Für welches Verdienst?

Lysistrate: Für das einzige schon: daß das rasende Schrei'n auf dem Markte
Wir euch legen und steuern dem Waffengeklirr!

Eine Frau: Ja, gewiß, bei der Göttin von Paphos!

Lysistrate: Jetzt laufen sie auf dem Gemüsemarkt, auf dem Fischmarkt, auf dem Geschirrmarkt
Mit dem Sarras herum, mit dem Helm auf dem Kopf:
Korybanten vermeint man zu schauen!

Ratsherr: Bei Zeus, das ziemt doch dem tapferen Mann!

Lysistrate: Potz Tausend, das ist doch zum Lachen,
Wenn ein Mann da kommt mit dem Gorgoschild und um Heringe feilscht mit dem Marktweib!

Eine Frau: Ja, ich sah es, bei Zeus, wie ein haariger Mann, ein Reiteroberst zu Pferd sich
Von 'ner alten Frau in den ehernen Helm ließ schütten gebackene Eier,
Und ein andrer, ein Thrakier, schüttelte wild, wie ein Tereus, Tartsche und Wurfspieß,
Und der Hökerin macht' er entsetzlich Angst, und verschlang dann die leckersten Feigen!

Ratsherr: Wie getrauet doch *ihr* euch imstande zu sein, die krausen, verwickelten Händel
Zu entwirren, zu schlichten, in Hellas umher?

Lysistrate: Sehr einfach!

Ratsherr: Und wie denn? Laß hören!

Lysistrate: Sieh, wie wir beim Spinnen verworrenes Werg so rehmen und sacht auseinander
Und zurecht mit der Spindel die Fäden ziehn, den 'rüber, den andern hinüber,
So gedenken wir auch durch Gesandte den Krieg zu entwirren, mit eurer Erlaubnis,
Und zurecht zu legen die Fäden des Knäuls, den 'rüber, den andern hinüber.

Ratsherr: Wie die Wolle beim Spinnen, wie Hanf und Werg zu behandeln gedenkt ihr Vermeß'nen
Die politischen Fragen – zu lösen wohl gar? O des Unsinns!

Lysistrate: Wärt ihr bei Sinnen,
So behandeltet ihr die Geschäfte des Staats akkurat wie wir Frauen die Wolle!

Ratsherr: So erkläre doch, wie?

Lysistrate: Wie die Wolle vom Kot und vom Schmutz in der Wäsche man säubert,

So müßt ihr dem Staate von Schurken das Fell reinklopfen, ablesen die Bollen:

Was zusammen sich klumpt und zum Filz sich verstrickt – Klubmänner, für Ämterbesetzung
Miteinander verschworen – kardätschet sie durch und zerzupfet die äußersten Spitzen,
Dann krempelt die Bürger zusammen hinein in den Korb patriotischer Eintracht
Und mischt großherzig Insassen dazu, Verbündete, Freunde des Landes;
Auch die Schuldner des Staats, man verschmähe sie nicht und vermenge auch sie mit dem Ganzen!
Und die Städte, bei Gott, die als Töchter der Stadt in der Ferne sich Sitze gegründet,
Übersehet sie nicht: denn sie liegen herum, wie zerstreute, vereinzelte Flocken.
Lest alle zusammen von nah und fern, aufschichtet sie hier und verflechtet
Die Wocken und wickelt ein Ganzes daraus und verspinnt es zu *einem* gewalt'gen

Garnknäuel! Aus diesem dann webet vereint für das Volk einen wollenen Mantel!

Ratsherr: Was die Weiber da krempeln und klopfen drauf los und spinnen und winden und weben!
Euch ficht doch der Krieg im geringsten nicht an!

Lysistrate: Im geringsten nicht? Ei du Verfluchter!
Wie? Trifft er nicht doppelt und dreifach uns Frau'n? Wir haben die Knaben geboren,
Wir haben gewappnet ins Feld sie geschickt –

Ratsherr: Schweig still von den Unglücksgeschichten!

Lysistrate: In der Zeit, wo wir sollten des Lebens uns freu'n und die Tage der Jugend genießen,
Da bereitet der Krieg uns ein einsames Bett! Ach, und wären nur wir so verlassen:
Doch die Jungfern zu sehn, die im Kämmerlein still hinaltern, das schmerzt mich noch bittrer!

Ratsherr: Und die Männer, ei, altern denn diese nicht auch?

Lysistrate: Ei was, das vergleicht sich ja gar nicht!
Denn käme der Mann auch als Graukopf heim, er erkiest sich ein blühendes Mädchen;

Doch des Weibes Los ist ein flüchtiger Lenz, und verpaßt sie die Tage der Blüte,

Dann begehrt sie kein Mann mehr zur Ehe, sie sitzt und legt sich auf Träum' und Orakel!

Ratsherr: Aber wenn doch ein Mann noch zum Stehen ihn bringt –

Lysistrate: O da mach du nur gleich auf den Tod dich gefaßt!
Dein Platz ist dir sicher, geh, kauf dir den Sarg,
Und den Honigkuchen, den back' ich dir gleich;
Da nimm und bekränz' dir die Stirne!
Sie begießt ihn

Eine andere Frau *ebenso*:
Und da hast du auch eine Bescherung von mir!

Lysistrate: Komm, Alter, da ist er, so nimm doch den Kranz!
Was fehlt noch, was suchst du? Mach, steig in den Kahn:
Horch, Charon! Er ruft!
Du verzögerst allein noch die Abfahrt.

Ratsherr: Empörend ist es, wie mich die traktieren!
Bei Zeus, ich gehe, wie ich bin, und trete
So vor die Augen einem hohen Rat! *Ab*

Lysistrate *ruft ihm nach*:

Du klagst wohl, daß wir dich nicht ausgestellt?
Laß uns nur machen! Übermorgen früh
Fehlt sicher nichts zu deinem Leichenopfer! *Ab*

Chorführer: Länger schläfrig zuzusehen, das vermag kein freier Mann!
Werft die Mäntel ab, ihr Männer, rüstet euch zur ernsten Tat!

Chor der Männer: Wenn mich nicht alles täuscht, ist ganz andres, Schlimmres noch
Hier im Werk: o ich riech's!
Ja, heraus aus allem wittr' ich Hippias'sche Tyrannei!
In der Tat, ich fürchte sehr,
Daß von Sparta Männer sich
Eingeschlichen; und, vereint
Nachts im Haus des Kleisthenes,
Haben sie die gottverfluchten Weiber aufgehetzt, mit List
Uns den Staatsschatz wegzunehmen
Und die Löhnung,
Unser aller täglich Brot!

Chorführer: Ja, empörend ist's, hofmeistern wollen sie die Bürgerschaft,

Unerhört! Weibsbilder schwatzen über Schild und Schwert und Spieß;
Wollen gar mit den Spartanern uns zum Frieden nötigen,
Denen grad so gut zu trauen, als dem Wolf mit offnem Maul!
Ich durchschaue das Gewebe, Männer: das ist Tyrannei!
Doch tyrannisieren sollen sie mich nie: ich hüte mich,
Und „im Myrtengrün mein Schlachtschwert werd' ich tragen“ fürderhin,
Auf dem Markt in voller Rüstung bei Aristogeitons Bild
Werd' ich stehn – wie er zu großer Tat berufen steh' ich da!
Zur Chorführerin
Dir, du gottverhaßte Vettel, alle Zähne schlag' ich ein!

Chorführerin *drohend*:
Sieh nur zu, daß wenn du heimkommst, deine Mutter dich noch kennt!
Zum Weiberchor
Doch wohlan, betagte Schwestern, machen wir's zuvor uns leicht!

Sie legen die Oberkleider ab

Chor der Frauen *gegen das Publikum*:
Laß dir nun, Bürgervolk, sagen ein verständig Wort,

Das der Stadt frommen mag!
Sie verdient's, denn auf erzogen hat sie mich in Prunk und Lust!
Sieben Jahr alt trug ich schon
Herses Heiligtum beim Fest,
Mit zehn Jahren mahlt' ich dann
Opfermehl der Artemis,
Ward im Safrankleid in Brauron ihr geweiht beim Bärenfest,
Ward sodann als hübsche Jungfrau
Festkorbträgerin,
In der Hand die Feigenschnur!

Chorführerin: Sollt' ich nun der Stadt nicht dienen, wenn ich kann, mit gutem Rat?
Zwar ich bin ein Weib, doch seht ihr, hoff' ich, drum nicht scheel mich an,
Wenn ich Bess'res biet', als was ihr alle Tage seht und hört:
Steur' ich doch mein Teil zum Ganzen, meine Söhne bring' ich dar!
Aber ihr, elende Greise, steuert nichts: ihr habt sogar
Durchgebracht die ›Persersteuer‹, die die Väter euch vererbt,
Und aus eigenem Vermögen tragt ihr ohnedies nichts bei.
Ja, ihr bringt's dahin, daß nächstens wir zertrümmert untergehn.

Ihr, ihr wollt noch mucksen? – Trittst du im geringsten mir zu nah,
Mit dem ungeschlachten Holzschuh schlag' ich dir die Zähne ein!

Die Frauen ziehn ihre Oberkleider wieder an

Chorführer. Ist das nicht die schmählichste Beschimpfung?
Ja, und toller, immer toller scheint das Ding zu werden!
Männer, steuert diesem Unfug, zeigt, daß ihr noch Hoden habt,
Werft die Mäntel ab: anriechen soll man gleich dem Mann den Mann,
Denn sich wie in Feigenblätter einzuwickeln, ziemt sich nicht.

Chor der Männer: Auf, wolffüßige Männer, die wir
Einst vor Leipsydrion zogen, wo
Wir noch unsern Mann gestellt,
Auf, es gilt sich zu verjüngen, und, vom Kopf zur Zehe
Neu befiedert, abzuschütteln
Unsres Greisenalters Last!

Chorführer: Geben wir nur einen Finger ihnen, hängen sie sich dran
Fest wie Kletten, und geschäftig sind sie dann mit Hand und Fuß.

Und am Ende bau'n sie Schiffe, segeln aus und liefern uns Seegefechte, die Verwegnen! – wie einst Artemisia!
Wenn sie noch die Reitkunst treiben, streich' ich unsre Ritter aus:
Von Natur schon sind die Weiber ritterlich und sattelfest!
Oh, die stürzen nie beim Reiten! Sieh die Amazonen an,
Wie auf Mikons Bild sie kämpfen mit den Männern, hoch zu Roß!
Wohl am besten wär's, zu nehmen all' und ins durchbohrte Holz
Ihnen gleich hineinzustecken diesen langen Schwanenhals!
Mit dem Phallos gestikulierend

Chorführerin: Bring' mich nicht in Hitze, sonst, beim Himmel,
Lass' ich meine wilde Sau los! Wart, ich will dich striegeln!
Bis der Nachbarschaft zum Schrecken du: ›Zu Hilf! Zu Hilfe!‹ schreist!
Zu den Weibern
Werft auch ihr, o Frau'n, die Mäntel wieder weg: anriechen soll
Man uns Frau'n sogleich das wilde, hitzigscharfe Temperament!

Chor der Frauen: Komm' mir nur einer jetzt her: der hat Zwiebeln gegessen zum letztenmal,

Bohnen auch – schwarze – zum letztenmal!
Schimpfst du noch einmal – die Galle, siehst du, läuft mir über! –
Wie dem Adler einst der Käfer,
Nehm' ich dir die Eier aus!

Chorführerin: Pah, ich lach' euch aus, solange meine Lampito noch lebt,
Und Ismenia, die liebe, rüstige Thebanerin!
Wirb ein Kriegsheer: keines kriegst du, wenn du's zehnmal auch beschließt;
Denn du bist verhaßt, Elender, bei den Nachbarn ringsherum! –
Als der Hekate zu Ehren gestern ich ein Freudenfest
Gab und gern bei meinen Kindern hätt' ein Nachbarskind gesehn,
Gar ein artigleckres Bürschchen aus Boiotien – einen Aal:
Ja, da hieß es: ›Nein!‹ – weil euer Volksbeschluß es nicht erlaubt.
Und mit solchen Volksbeschlüssen ruht ihr nicht, bis euch einmal
Einer nimmt am Bein und niederschleudert, daß ihr brecht den Hals!

Dritte Szene

Die beiden Chöre*. *Lysistrate *kommt aus der Burg; dann* ***mehrere Frauen***

Chorführerin: „Erlauchtes Haupt des kühnen Unterfangens“, Warum so düster trittst du aus der Burg?

Lysistrate: Der Frauen schändlich Tun und lüstern Wesen Entmutigt mich und jagt mich hin und wieder.

Chor der Weiber: Was sagst du? Was sagst du?

Lysistrate: Ach leider, die Wahrheit!

Chorführerin: Was gibt's so Schlimmes? – Sag es deinen Schwestern!

Lysistrate: „Ich *kann's* nicht sagen, *darf* es nicht verschweigen!“

Chorführerin: Verbirg mir nichts! Welch Unglück ist geschehn?

Lysistrate: Nun, rund heraus, wir Frau'n sind männertoll!

Chor der Weiber: Ach, Zeus!

Lysistrate: „Was schreist du auf zu Zeus?“ – So ist's einmal! Ich bin nicht mehr imstand, von ihren Männern

Sie fern zu halten: denn sie laufen fort!
So traf ich eine, wie im Loch sie eben
Arbeitet' in der Felsengrotte Pans;
'ne andre wollt' am Seil hinab sich haspeln,
Die überlaufen; mit den Spatzen wollte
Gar eine fliegen zum Orsilochos
Hinab: ich riß sie noch am Haar zurück!
Kurz, unter jedem Vorwand suchen sie
Nach Haus zu kommen! – Sieh, dort will sich eine
Fortstehlen! – Du, wohin?

Eine Frau tritt auf

Frau: Ich muß nach Haus,
Ich hab' daheim milesische Wolle liegen,
Die mir die Motten fressen.

Lysistrate: Was für Motten?
Willst du zurück?

Frau: Mein Gott, ich komm' gleich wieder.
Ausspreiten will ich auf dem Lager nur – –

Lysistrate: Ausspreiten? – Nein, du gehst nicht von der Stelle!

Frau: Soll ich um meine Wolle kommen?

Lysistrate: Pah!

Eine zweite Frau kommt heraus

Zweite Frau: Ach Gott, ach Gott, mein Flachs! Ich ließ daheim
Ihn ungehechelt –

Lysistrate: Ha, schon wieder eine,
Der's mit dem Hecheln sehr pressiert! – Geh du
Sogleich zurück!

Zweite Frau: Bei Artemis, sogleich
Wenn er gebrochen, bin ich wieder da!

Lysistrate: Laß du das Hecheln! Fängst du's einmal an,
Dann wollen auch die andern ans Geschäft.

Eine dritte Frau kommt heraus

Dritte Frau: Ach, Eileithyia, halte die Geburt
Zurück, bis ich ein schicklich Plätzchen finde!

Lysistrate: Was schwatzst du da für Zeug?

Dritte Frau: Ich komme nieder!

Lysistrate: Nicht schwanger warst du gestern –

Dritte Frau: Aber heut!
Lysistrate, um Gottes willen laß
Mich heim, zur Hebamm' –

Lysistrate *sie untersuchend*: Ei, was du mir sagst!
Was hast du da so Hartes!

Dritte Frau: Einen Buben:

Lysistrate: Bei Aphrodite, nein, das scheint was Hohles,
Metallnes – nun, wir werden's gleich erfahren!
Zieht einen Helm heraus
Daß dich! – Der heil'ge Helm?! Das ist zum Lachen!
So bist du schwanger?

Dritte Frau: Ja, bei Zeus, ich bin's.

Lysistrate: Wozu der Helm?

Dritte Frau: Ei, wär' ich nieder hier
Gekommen in der Burg, hätt' ich hinein
In dieses Nest geboren, wie die Tauben –

Lysistrate: Ausflüchte! Lauter Trug! – Du bleibst und wartest
Hier ruhig ab das Kindweihfest des Helmes!

Dritte Frau: Nein! Schlafen kann ich nicht mehr in der Burg,
Seit ich gesehn die heil'ge Tempelschlange.

Zweite Frau: Und ach, mich bringen noch die Eulen um:
Ihr Kikkabau verscheucht mir Ruh und Schlaf!

Lysistrate *zu den drei Frauen*:
Hört auf mit eurem Spuk, vertrackte Weiber!
Nach Männern seid ihr lüstern! Glaubt ihr, *sie*
Nicht auch nach uns? – Verdrießlich schleichen ihnen
Die Nächte hin, das glaubt! – Drum, wackre Frau'n,
Seid standhaft, harrt nur kurze Zeit noch aus!
Denn ein Orakel sagt: Wir siegen, wenn
Wir einig bleiben – Hört, es lautet so:

Dritte Frau: Ja, laß uns das Orakel hören!

Lysistrate: Stille!
„Aber wenn einigen Sinns sich schüchterne Schwalben versammeln
Und vor dem Wiedhopf fliehn und spröd sich enthalten der Stößer,
Dann hat ein Ende die Not, und das Oberste wird dann zu unterst
Kehren der donnernde Zeus –"

Zweite Frau: *Wir* kämen dann oben zu liegen?

Lysistrate: „Aber entzwei'n sich die Schwalben und flattern behenden Gefieders
Weg aus dem heiligen Ort, dann wird man nicht *einen* der Vögel
Schelten so wüst unflätig, so lüstern und geil, wie die Schwalben!" –
Der Spruch ist klar genug! – Drum, bei den Göttern,
Nur nicht kleinmütig gleich, verzaget nicht!
Gehn wir hinein! Denn Schande wär's, ihr Schwestern,
Wenn wir jetzt das Orakel Lügen straften!

Lysistrate mit den Frauen ab

Chor der Männer: Hört! Ein Märchen will ich euch erzählen,
Das ich einst als Knabe selbst gehört:
War einmal ein Jüngling, hieß Melanion,
Wollt' nicht frei'n und ging drum in die Wüste,
Haust' in Berg' und Wäldern,
Jagte Fuchs' und Hasen,
Flocht sich Garn und Netze,
Hielt sich einen Jagdhund
Und kam nie hinab nach Haus, der Trotzige!
So zum Abscheu waren ihm die Weiber;

Und sie seien's uns nicht minder!
Denn verständig sind wir, wie Melanion!

Chorführer: Alte, küssen möcht' ich dich –

Chorführerin: Ohne Zwiebeln weinst du dann!

Chorführer: Und das Bein aufheben zum Stoß!

Chorführerin: Pfui, welch Buschwerk hast du da?

Chorführer: Wie Myronides! Der war
Rauh auch vorn, und schwarz behaart
Hinten, seiner Feinde Schrecken,
Gleich wie Phormion, der Held.

Chor der Frauen: Hört.' Ein Märchen will ich euch auch erzählen,
Zum Melanion das Gegenstück:
War einmal ein finstrer Mann, hieß Timon,
Bissig, stachlicht, dornumzäunt, unnahbar,
Ein Erinnyensprößling.
Und aus purem Hasse
Ging besagter Timon, [Im Gebirg zu hausen,]
Und den Männern flucht' er, den niederträchtigen.
Also haßte der sein ganzes Leben

Unversöhnt euch schlechte Männer!

Doch den Frau'n war er in Liebe zugetan!

Chorführerin: Willst du einen Backenstreich?

Chorführer: Nein, o nein, da duck' ich mich!

Chorführerin: Einen Fußtritt –? Meinst du nicht?

Chorführer: Dann enthüllst du ja dein Ding!

Chorführerin: Wenn auch! Haare siehst du nicht:

Glatt – so alt ich bin – ist alles,

Und das Buschwerk hab' ich sauber

An der Ampel abgesengt! –

Vierte Szene

Die beiden Chöre. Lysistrate. Myrrhine *und* ***andere Frauen.*** *Dann* ***Kinesias***

Lysistrate: Heraus, heraus, ihr Frauen, kommt geschwind

Zu mir!

Eine Frau: Was gibt's? Sag an, was schreist du so?

Lysistrate: Ein Mann! Da kommt ein Mann wie toll gerannt,

Von Aphrodites wilder Brunst ergriffen:

„O Herrin von Kythere, Kypros, Paphos,
Geh nun gradaus den eingeschlagnen Weg!“

Frau: Wer kommt? Wo ist er?

Lysistrate: Dort, bei Chloes Tempel!

Frau: Bei Zeus, dort ist er, ja! Wer ist's wohl auch?

Lysistrate: Seht hin, erkennt ihn eine?

Myrrhine: Ach ja wohl!
Das ist mein Männchen ja, Kinesias!

Lysistrate: So? Nun, dann röst' und dreh' ihn nur am Spieß,
Betör ihn, neck ihn, lieb ihn, lieb ihn nicht,
Tu alles, was der Humpenschwur gestattet!

Myrrhine: Laß mich nur machen!

Lysistrate: Halt! Ich bleibe hier
Und helfe zu dem Schabernack, ich heiz'
Ihm tüchtig ein vor allem. Geht indes!

Die Frauen treten zurück, Kinesias mit einem Sklaven, der ein Kind trägt, tritt auf

Kinesias: Ich Ärmster, welch ein Zucken, welch ein Spannen
Und Ziehn, als läg' ich auf der Folterbank!

Lysistrate: Halt! Wer da? Innerhalb der Posten?

Kinesias: Ich!

Lysistrate: Ein Mann?

Kinesias: Ein Mann, ach ja!

Lysistrate: Marsch, packe dich!

Kinesias: Wer bist du, Weib, die mich verjagt?

Lysistrate: Die Wache!

Kinesias: Ei schön, so ruf mir doch die Myrrhine!

Lysistrate: Die Myrrhine? Ei sieh! Wer bist denn du?

Kinesias: Ihr Mann, Kinesias, der Stanzonide.

Lysistrate: Willkommen, Bester! Denn nicht unberühmt
Ist hier dein Nam', er wird hier oft genannt!
Denn stündlich führt dich deine Frau im Munde.
Ißt sie ein Ei, 'nen Apfel, ruft sie immer:
›Ach hätt' ihn mein Kinesias!‹

Kinesias: Wirklich? – Oh!

Lysistrate: Bei Aphrodite, ja! Wenn auf die Männer
Die Rede kommt, gleich rühmt sich deine Frau:
Kinesias sei ein Mann, die andern Lumpen!

Kinesias: So geh nun, ruf sie!

Lysistrate: Gut! – Was krieg' ich denn?

Kinesias: Ich will dich gleich, wenn du's verlangst – – Dies ist
Mein alles – was ich habe, biet' ich dir!

Lysistrate: Ich geh' hinab und ruf sie dir! *Ab*

Kinesias: Nur schnell! –
Ich habe keine Freud' am Leben mehr,
Seitdem sie fort ist aus dem Haus: ich seufze,
So oft ich heimkomm': öde dünkt mich alles,
Leer, ausgestorben, und die besten Bissen,
Sie munden mir nicht mehr – ich leide Brunst!

Myrrhine *von innen*:
Ich lieb', ich lieb' ihn, aber meine Liebe
Verschmäht er. Ruf mich nicht zu dem hinaus!

Kinesias: Myrrhinchen, süßes Kind, was denkst du doch?
Komm doch herab!

Myrrhine *wie oben*: Zu ihm? Ums Leben nicht!

Kinesias: Wenn ich dir rufe, Schätzchen, kommst du nicht?

Myrrhine: Du rufst mich, und du willst doch nichts von mir!

Kinesias: Ich nichts von dir? – Und bin fast aufgerieben!

Myrrhine: Ich will nicht!

Kinesias: Ach, so hör doch auf dein Kind!
Komm her, mein Söhnchen, rufe die Mama!

Das Bübchen: Mama! Mama! Mama!

Kinesias: Wie wird dir? Dauert dich das Bübchen nicht,
Sechs Tage schon ungewaschen, ungesäugt?

Myrrhine: Mich dauert's, ja! Sein Vater aber schiert
Sich nicht um ihn!

Kinesias: Komm, Böse, nimm dein Kind!

Myrrhine: „O Mutterherz!“ – Wie schlägt's! – Ich muß hinab!

Myrrhine tritt heraus

Kinesias *sie betrachtend*:
Mich dünkt, sie sieht viel jünger aus als sonst!
Weiß Gott, so reizend kam sie nie mir vor!
Und daß sie schmollt mit mir und spröde tut,
Das macht nun gar, daß ich vergeh' vor Liebe!

Myrrhine *nimmt das Kind dem Sklaven ab*:

Herzallerliebstes Kind des bösen Vaters,
Ein Küßchen! Komm, Mamachens liebstes Kind!

Kinesias: Wie kannst du so mir's machen, Böse? Folgst
Den Weibern da, und marterst mich, und quälst
Dich selber mit? *Greift nach ihr*

Myrrhine: Die Hand weg! Laß mir Ruh'!

Kinesias: Du ziehst die Hand ab, und zuschanden geht
Daheim mein Gut und deines!

Myrrhine: Schiert mich wenig!

Kinesias: So? Dir ist's gleich, wenn deine Weberei
Herab die Hühner zerren?

Myrrhine: Mir ist's gleich!

Kinesias: Wie lange schon hast du Aphrodites Nachtfest
Nicht mitgemacht? – Sag, kommst du nicht mit heim?

Myrrhine: Niemals, bei Zeus, wenn ihr den Krieg nicht endigt
Und Frieden macht!

Kinesias: Nun, wenn's nicht anders ist,
Wir wollen's tun!

Myrrhine: Nun, wenn's nicht anders ist,
Dann komm' ich mit! Für jetzt – hab' ich's verschworen!

Kinesias: Komm, nach so langer Zeit, lieg her zu mir!

Myrrhine: Nein! – Und ich lieb' dich doch, ich will's nicht leugnen!

Kinesias: Du liebst mich, Myrrhchen? Ei, so leg dich her!

Myrrhine: Spaßhafter Mann, vor unserm Bübchen da?

Kinesias: Nicht doch!
Zum Sklaven Du, Manes, trag das Kind nach Haus!
Manes mit dem Kind ab
Nun sieh, jetzt ist das Kind auch weggeschafft!
Komm, leg dich!

Myrrhine: Loser Schelm, wo ist denn nur
Ein Plätzchen –?

Kinesias: In der Grotte Pans, – bequem!

Myrrhine: Dann komm' ich ja nicht rein zur Burg zurück?

Kinesias: Ganz gut, du wäschst dich in der Klepsydra!

Myrrhine: Und dann den Eid, Gottloser, soll ich brechen?

Kinesias: Die Schuld komm' über mich! Vergiß den Eid!

Myrrhine: Nun denn, ich hol 'ne Bettstatt!

Kinesias: Laß! – Es geht
Am Boden!

Myrrhine: Beim Apollon, nein, du darfst,
Wenn's auch pressiert, mir nicht am Boden liegen! *Ab*

Kinesias: Mein Weibchen liebt mich doch, das seh' ich klar!

Myrrhine *bringt die Bettstatt*:
Sieh! Leg dich nun geschwind! Ich zieh' mich aus!
Halt – 's fehlt das Dings da – die Matratze – noch!

Kinesias: Wozu? Ich brauch' das nicht!

Myrrhine: Bei Artemis,
Auf Gurten wär's doch garstig!

Kinesias: Komm, ein Küßchen!

Myrrhine *küßt ihn*:
Da! *Läuft fort*

Kinesias: Du! – Der Teufel! – Komm doch, komm nur schnell!

Myrrhine *bringt die Matratze*:
Da ist sie! Leg dich jetzt, ich zieh' mich aus! –
Noch etwas – richtig! – noch kein Kissen da!

Kinesias: Mein Gott, ich brauch' ja keines!

Myrrhine *fortlaufend*: Aber ich!

Kinesias *zu seinem Phallos*:
Zurüstungen für dich, als käm' Herakles!

Myrrhine *kommt mit dem Kissen und legt es ihm unter*:
Steh auf, spring' auf!

Kinesias: Gottlob, nun hätt' ich alles!

Myrrhine: Ja? – Wirklich alles?

Kinesias: Komm, mein Goldchen, komm!

Myrrhine: Schon knüpf ich auf mein Busenband! – Hör aber,
Du hältst doch Wort? Vergiß den Frieden nicht!

Kinesias: Ich will verdammt sein –

Myrrhine: Ach, da fehlt die Decke!

Kinesias: Wozu? Ich will ja nichts, als dich umarmen!

Myrrhine: Das sollst du auch: gleich bin ich wieder da! *Ab*

Kinesias: Das Weibstück bringt mich um mit ihren Decken!

Myrrhine *bringt einen Schafpelz*:
So! Richt' dich auf!

Kinesias: 's ist alles aufgerichtet!

Myrrhine: Soll ich dich salben?

Kinesias: Beim Apoll, mich nicht!

Myrrhine: Bei Aphrodite, komm und sträub dich nicht! *Läuft fort*

Kinesias: Großmächt'ger Zeus, laß sie den Topf verschütten!

Myrrhine *bringt einen Salbentopf*:
Komm, gib die Hand, da nimm und salbe dich!

Kinesias: Die Salbe duftet nicht gar süß, sie riecht
Hochzeitlich nicht, und doch wär's hohe Zeit!

Myrrhine: Wie dumm auch! Bring' ich da die Rhodossalbe!

Kinesias: Schon gut, du Schalk, so laß doch!

Myrrhine: Sei kein Närrchen! *Ab*

Kinesias: Der Henker hol' den ersten Salbenkoch!

Myrrhine: *kommt mit einer anderen Salbenbüchse*:
Da, nimm die Dos'!

Kinesias: Ich hab' dir andre Dosen!
Komm, leg dich, Hexchen, schlepp doch nun nichts mehr
Herbei!

Myrrhine: Bei Artemis, ich folg' und binde
Die Schuh' auf! – Aber gelt, mein liebes Männchen,
Du stimmst doch für den Frieden? . . . *Macht sich los und flieht*

Kinesias: Ganz gewiß! . . .
Vernichtet, umgebracht hat mich das Weib! –
O ich Armer, was tu' ich, wo find' ich ein Weib,
Da die Schönste von allen so schnöd mich gefoppt?
Wer erbarmt sich nun deiner, du Waisenkind?
Komm, Fuchshund, und schaff
Mir für Geld eine Amme dem Jungen!

Chor der Männer: O wie jammerst du mich, unglücklicher Mann,
So entsetzlich geprellt und im Herzen gebeugt!
Ach! ach, ich vergehe vor Mitleid!
Wie sollen's ertragen die Nieren im Leib,
Wie ein männliches Herz und ein männlicher Sack,
Wie ertragen's die Lenden, wie trägt es der Schweif,
Der begehrlich sich bäumt
Und am Morgen vergeblich sich umsieht?

Kinesias: O entsetzlicher Krampf, der den Leib mir durchzuckt!

Chor der Männer: Nein, daß sie dir das, du Verehrter, getan,

Das abscheuliche, garstige, teuflische Weib!

Kinesias: O Apollon! Das süßeste, göttliche Weib!

Chor der Männer: Die Süßeste, wie? – Das verruchteste Weib!

Zeus, mächtiger Zeus,

Oh, ergreife sie, schleudre, wie stäubende Spreu,

Sie mit Sturmesgewalt und mit Donner und Blitz

Zu den Wolken und dreh' sie im Wirbel herum,

Dann aber laß hoch aus den Lüften herab

Sie sinken und fallen zur Erde zurück

Und in jähem Sturz

An dem Pfahle des Mannes sich spießen!

Fünfte Szene

Der Chor**. Ein **spartanischer Herold**. Der **Ratsherr

Herold: Wo ist der groß' Rat hie z' Athen? D' Prytanen,

Wo sy sie de? I sott nen öppis säge!

Ratsherr: Bist du ein Mensch, du? oder ein Priap?

Herold: E Herold bin i, Herr, bim Donner, ja,

Vo Sparta chumen i vo wegem Friede.

Ratsherr: Was trägst du denn den Spieß da unterm Arm?

Herold: I trage nüt bi Gott!

Ratsherr: Du drehst dich um?
Was ziehst du so den Mantel vor? Hast du
'nen Wolf vom Marsch?

Herold: Bim Hell, dem Cheubel fehlt's
Im Chopf.

Ratsherr: Du hast ja Stanzen, garst'ger Kerl!

Herold: Das ist nit wahr! Herr, leut die dumme Gspä'ß!

Ratsherr: Was ist denn das?

Herold: E guet spartan'scher Schrybstock.

Ratsherr *auf seinen Phallos deutend*:
Dann hab' auch ich 'nen gut spartan'schen Schreibstock!
Sieh, Freund, ich weiß schon alles, darum sag
Mir rund: wie steht's bei euch in Lakedaimon?

Herold: Ganz ufrecht steits bi üs, und d' Bundesg'nosse
Hei's o wie d' Pfähl: mer bruche jiz Pellene.

Ratsherr: Wo habt ihr denn das Übel her? Vom Pan?

Herold: Nei, d' Lampito, die ist an allem d' Schuld,
Die het is ds Wybervolch i Sparta alles

Verführt: druf hei sie de einmütig b'schlosse:
Sie welle d' Manne nimme drüber Iah!

Ratsherr: Wie geht's euch nun?

Herold: Verflucht! Mer hümpe chrumm
U bugglig über d' Gaß, wie Ampelträger.
Sie leun is nit e Mal a ds Huppi gryffe,
Die Täsche, bis mer all eihellig bschließe,
Es soll vo Stund a Friede sy im Land.

Ratsherr: Ha, ha! Nun seh' ich klar, die Weiber haben
Sich allesamt und überall verschworen!
Drum geh und sag, sie sollen schnell hierher
Gesandte schicken mit gehöriger Vollmacht.
Auch unser Rat wird seine Leute wählen:
Ich trag's ihm vor und zeig' ihm, wie Er steht!

Herold: Hesch recht, bi Gott! I lauf scho, was i cha!

Beide ab

Chorführer: Wild, unbändig, wie die Weiber, ist kein Tier auf Erden mehr,
Unbezwingbar gleich dem Feuer, frecher als das Panthertier!

Chorführerin: Wenn du solches weißt, warum denn führst du Krieg mit mir, du Narr?
Und doch kannst du mich zur treuen Freundin haben, wenn du willst!

Chorführer: „Nein, die Weiber samt und sonders hass' ich all mein Leben lang."

Chorführerin: Wie es dir gefällig! – Trotzdem bring' ich's doch nicht übers Herz,
Dich so nackt zu sehn! Du bist ja – sieh nur selbst – der Kinder Spott!
Nun, ich komm' zu dir und ziehe, mit Verlaub, dies Wams dir an!

Die Weiber bekleiden die Männer

Chorführer: Meiner Treu, ihr tut nicht übel, hätt' euch das nicht zugetraut!
Denn im hellen Zorn und Ärger hatt' ich's vorhin abgelegt.

Chorführerin: So, nun siehst du wie ein Mann aus, bist nicht mehr der Kinder Spott!
Hättst du mich nicht so beleidigt, hätt' ich auch das Tierchen da
Lange dir schon weggefangen, das dir überm Auge sitzt!

Chorführer: Ja, das war's, was mich gezwickt hat! Da, nimm diesen Zauberring,
Reib das Ding mir 'raus und laß dann, wenn's heraus ist, mich es sehn,
Denn mich zwickt's und beißt's, der Henker weiß wie lang, am Auge schon.

Chorführerin: Nun, ich tu' dir den Gefallen, so bärbeißig du auch bist! –
Gott, welch Ungetüm von einer Schnake hast du da am Leib!
Siehst du hier? – Von Trikorythos stammt das Untier sicherlich!

Chorführer: Ei, das war doch eine Wohltat! Wie ein Brunnenbohrer grub's!
Nun das Ding herausgenommen, läuft ein Tränenstrom herab.

Chorführerin: Komm, ich wisch' dir's ab, obwohl du's nicht verdient, du böser Mann!
Ja, ich küss' dich.

Chorführer: Laß das Küssen!

Chorführerin: Magst du wollen oder nicht!

Chorführer: Ei, so bleib mir doch vom Leibe,
Schmeichelkatzen seid ihr all'!

Darum sagt auch, und mit Unrecht nicht, ein altes, weises Wort:
„Weder mit noch ohne dieses gottverfluchte Weibervolk!“
Sei's! – Wir bieten jetzt euch Frieden! Und in Zukunft sollt ihr nie
„Böses mehr von uns erfahren, noch uns selber Böses tun!“
Tretet her zu uns, wir stimmen nun vereint ein Chorlied an!

Sie vereinigen und gruppieren sich

Erster Halbchor *gegen das Publikum*:

Nicht gesonnen sind wir, Männer,
Irgend Schlechtes nachzusagen
Einem aus der Bürgerschaft!
Liebes nur, Gutes nur
Sagen wir und tun wir euch:
Denn des Schlimmen wahrlich ist
Schon genug, was uns drückt!
Darum sagt's nur frei heraus,
Mann und Frau, wer es ist:
Braucht ihr Geld, ein hübsches Sümmchen,
So zwei Minen oder drei auch? –
Geld die Fülle!
Denn den Säckel führen wir!

Und wenn's einst zum Frieden kommt, –
Was ihr heut von uns geborgt habt,
Heimzuzahlen
Eure Schulden braucht ihr nie!

Zweiter Halbchor: Wir erwarten aus Karystos
Gäste, die wir gern bewirten,
Männer tüchtig, schön und brav!
Erbsenbrei hab' ich noch,
Auch ein Ferkel war noch da,
Das ich abgetan: ihr kriegt
Schönes Fleisch, zart und weich.
Also kommt nur ungeniert
Heut zu mir, aber früh,
Nach dem Bade gleich, und wascht auch
Eure Kinder hübsch und tretet
Ohne Anstand
Ein und fraget ja nicht lang,
Sondern ganz als wie zu Haus
Geht hinein geraden Weges,
Ohne weiters:
Tür und Tor für euch ist – zu!

Chorführer: Ei seht nur, da kommen von Sparta schon die Gesandten mit zottigen Bärten
Und zwischen den Beinen mit Pflöcken, o Graus, als wollten sie Schweine dran binden!

Sechste Szene

Der Chor**. **Spartanische Gesandte**. Dann ein **Athener**. Später Lysi strate. Die **Göttin der Versöhnung**. Ein **Diener

Chorführer: Spartan'sche Männer, unsern Gruß zuvor!
Sagt an: wie steht's bei euch, was führt euch her?

Spartaner: Was seu mer do es längs Breiammei mache,
Wie's bei is steit, das cheut der selber gseh!

Chorführer: Entsetzlich! Euer Leidensstrang ist straff
Gespannt, und die Entzündung scheint bedenklich!

Spartaner: Gar grüslech, nit zum säge! Chömmet numme
Grad her, wer's ist, mer wei jiz Friede mache!

Chorführer: Auch unsre Autochthonen seh' ich so
Armiert und mit beiseitgeschobnem Mantel,
Gerade wie die Ringer: traun, es scheint,
Die Krankheit ist gymnastischer Natur!

Ein Athener tritt auf

Athener: Wer sagt mir, wo Lysistrate zu finden?
Denn mit uns Männern steht es, wie ihr seht!

Chorführer: Ja, hier wie dort, die nämlichen Symptome!
Habt ihr nicht gegen Morgen starke Spannung?

Athener: Ach ja, bei Zeus! Wir reiben bald uns auf,
Und wenn es jetzt nicht bald zum Frieden kommt,
Vergreifen wir uns noch am Kleisthenes!

Chorführer: Hört, wenn ihr klug seid, nehmt die Mäntel vor,
Damit kein Hermenschänder euch erblickt!

Athener: Bei Gott, da hast du recht!

Spartaner: Das sott i meine!
So wei mer d'Mäntel doch eis fürehänke.

Athener: Oh, seid gegrüßt, Spartaner! – Uns geht's schlecht!

Spartaner: Jä gwüß, my Liebe, 's war bidenklech gsi,
We d'Lüt is hätte gseh mit dere Gschwulst!

Athener: Wohlan, nun sagt, Spartaner, rund heraus:
Was sucht ihr hier?

Spartaner: De Friede! He, mir sy
Die Gsandte!

Athener: Schön! Der ist auch unser Wunsch!
Nun, wollen wir Lysistrate nicht rufen?
Die kann uns doch allein zum Frieden helfen!

Spartaner: Bi Gott, und *der* Lysistratos derzu!

Chorführer: Nun, seht, ihr braucht sie nicht einmal zu rufen:
Sie hat euch schon gehört; da kommt sie selbst.
Zu Lysistrate, die mit einer Begleiterin heraustritt
Heil dir, mannhafteste Zierde der Frau'n! Nun erprobe dich, zeige dich wacker,
Unerschrocken, gewandt, streng, milde, gerecht, diplomatisch, hochherzig, als Heldin!
Denn die Ersten vom Volk der Hellenen, von dir wie mit Zauberstricken gefesselt,
Dir stellen anheim, dir vertraun sie es an, all ihre Beschwerden zu schlichten!

Lysistrate: Das ist nicht schwer, wenn man so heiß entbrannt
Die Männer sieht, voll ungestillter Sehnsucht!
Wir machen gleich die Probe!
Zu ihrer Begleiterin Holde Göttin,
Komm, führe die Spartaner her, doch nicht
Mit ungestümer, plumper Hand, – so unklug,

Wie unsre Männer taten, nicht – vertraulich
Und zart, wie sich's für Frau'n geziemen mag!
Wer dir die Hand nicht gibt, den nimm am Schweif!
Die Göttin der Versöhnung tut es
So, bringe nun auch die Athener her,
Und nimm sie, wo sie gern sich fassen lassen! –
Es geschieht
Ihr Sparter, stellt euch hierher, neben mich,
Zu den Athenern
Ihr stellt euch daher! Höret nun mein Wort:
„Ich bin ein Weib, doch wohnt in mir auch Geist!"
Von Haus aus nicht verkürzt am Mutterwitz,
Hab' ich vom Vater und von altern Männern
Manch weises Wort gehört und viel gelernt.
Drum nehm' ich jetzt euch vor und schelt' euch aus,
Wie ihr's verdient! – Besprengt ihr die Altäre
Aus *einem* Kessel nicht als Stammverwandte
In Pylai, Pytho, in Olympia,
Und wie viel Orte könnt' ich sonst noch nennen? –
Habt ihr Barbaren, Feinde nicht genug,
Daß ihr vertilgt hellenische Stadt' und Männer? –

Athener: Ach, mich vertilgt mein Ungestümer hier!

Lysistrate: „Den einen Hauptpunkt habt ihr nun gehört."
Nun, ihr Spartaner, wend' ich mich an euch!
Wißt ihr's nicht mehr, wie Perikleides einst
Von Sparta flehend kam und am Altar
Im Heroldspurpur bleich sich niederwarf
Und um ein Hilfsheer bat? – Messener schlugen
Euch damals und des Erderschüttrers Arm!
Und Kimon führte dann dreitausend Schilde
Euch zu, und Lakedaimon war gerettet.
Zum Dank für solchen Dienst verwüstet ihr
Nun Attika, das Land, das euch geholfen!

Athener: Weiß Gott, Lysistrate, sie haben unrecht!

Spartaner: Des hei mer! – – Was het die nes prächtigs Füdle!

Lysistrate *zum Athener*:
So? Meinst du, euch Athener sprech' ich frei?
Wißt ihr's nicht mehr, wie die Spartaner kamen,
Zur Zeit, wo ihr den Sklavenkittel trugt,
Und der thessal'schen Männer viel erschlugen
Und viel von Hippias' Helfern und Verschwornen: –
Die einzigen, die an jenem Tag euch halfen,

Die euch befreit und statt des Sklavenkittels
Sein Bürgerkleid dem Volk zurückgegeben?

Spartaner: Es töllers Wyb han i my Seel nie gseh!

Athener: Und hat ein Ding, schön, wie ich's nie gesehn!

Lysistrate: Nun, da ihr vielfach Dank einander schuldet,
Warum bekriegt und plagt ihr euch? Warum
Versöhnt ihr doch euch nicht? Was hindert euch?

Spartaner: He! Mir wei scho, me soll is nume grad
Das Fürtuch umegä!

Lysistrate: Was meinst du, Freund?

Spartaner: Pylos, da gryffe mer scho lang dernah!

Athener: Nein, beim Poseidon, aus dem Griff wird nichts!

Lysistrate: Laßt's ihnen, Freund!

Athener: Den prächtigen Ankerplatz?

Lysistrate: Ihr fordert einen andern Ort für diesen!

Athener: So gebt uns nur zuerst heraus das Ding da,
Das Echinus, und gleich dabei den Busen,
Den Malischen, und die Megar'schen Schenkel . . . .

Spartaner: Ho, nume nit grad all's, du bist nit gschyd!

Lysistrate: Laßt das und zankt euch nicht um ein Paar Schenkel!

Athener: Gern will ich nackt und barfuß Samen sä'n!

Spartaner: De wott i wenigstens my Mist druf mache!

Lysistrate: Wenn ihr versöhnt seid, gut, dann tut ihr das!
Doch wenn ihr's tun wollt, geht jetzt gleich zu Rat
Und teilt's auch euren Bundsgenossen mit!

Athener: Was Bundesgenossen noch? Sieh her, die Stanzen!
Und wollen nicht die Bundsgenossen alle
Wie wir sich kühlen?

Spartaner: Emol i de wohl!

Athener: Ja, und, bei Zeus, auch die Karystier!

Lysistrate: Da habt ihr recht! Nun reinigt euch! Dann laden
Wir Frau'n euch auf die Burg zu uns und bieten
Euch alles an, was wir im Schubfach haben.
Dort sollt ihr auch den Eid der Treue schwören,
Und jeder nimmt dann seine Frau und geht
Mit ihr nach Haus!

Athener: Nur schnell, wir wollen gehen!

Spartaner: Gang du voraus, i chume nache.

Athener: Eilt!

Sie ziehen auf die Burg

Chor der Frauen, **ein Hälfte**:

Buntgewirkte Lagerdecken,
Schleppenkleider, Festgewänder,
Goldgeschmeide, alles, was
Mein ist, Freunde, ohne Neid
Geb' ich hin, und jeder mag es
Seinem Buben, seinem Mädchen
Bringen, die den Festkorb trägt.
Jedermann ford' ich auf:
Lest euch aus ganz nach Lust,
Was von meinem Gut hier innen
Euch gefällt! So fest versiegelt
Ist kein Kleinod:
Reißt das Wachs nur keck herab:
Was ihr findet, nehmt es mit!
Doch um etwas zu erspähen,
Ist's vonnöten,
Daß ihr schärfer seht als ich!

Chor der Frauen, **zweite Hälfte**:

Wer von euch kein Brot im Haus hat
Und doch Knecht' und Mägd' und viele
Kinderchen zu füttern hat:
Nun, der hole sich bei mir
Weizenkörnchen fein und klein,
Deren euch ein Scheffel einen
Respektabeln Brotlaib gibt.
Wer von euch Armen nur
Will und mag, kommt zu mir;
Euren Weizen zu empfangen,
Kommt mit Säcken, Schläuchen, Körben:
Alle füllt
Euch mein Manes bis zum Rande!
Aber laßt euch warnen: kommt
Nicht zu nahe meiner Türe,
Und vor meiner
Hündin nehmt euch wohl in acht!

Ein Diener von innen:

Diener: Holla, die Tür auf! Willst du wohl? Mach Platz!

Stürmt mit einer brennenden Fackel in der Hand heraus. Zum

Chor

Was hockt ihr da? Soll ich mit meiner Fackel
Euch rösten? – *Gegen die Zuschauer*
Ist doch das ein schwerer Posten!

Chorführer: Das läßt du wohl! Allein *gegen die Zuschauer* euch zu Gefallen
Will ich, wenn's sein muß, das auch noch ertragen!

Chorführerin: Je nun, da will auch ich mit dir es tragen!

Diener: Platz! sag' ich, oder wehe euren Haaren!
Platz, daß die Herrn von Sparta, die jetzt drinnen
Sich satt geschmaust, in Ruh heimziehen können!

Ein Athener tritt heraus

Athener: Mein Lebtag hab' ich so kein Fest gesehn!
Nein, waren die Spartaner liebenswürdig!
Und wir, beim Wein, wie immer die gescheitsten!

Diener: Gewiß! Denn nüchtern sind wir niemals klug! –
Wenn die Athener meinem Rate folgten,
Stets wären wir dann als Gesandte trunken!
Jetzt, wenn wir nüchtern hin nach Sparta kommen,
Gleich sehn wir, wo wir Wirrwar machen können,

Und was sie sagen, hören wir nicht an,
Und was sie nicht gesagt, argwöhnen wir,
Und dann berichten wir, wie's uns gefällt!
Diesmal ging alles gut! Wenn einer auch
Von Aias singt statt von Kleitagora:
Wir loben's doch und schwören drauf 'nen Meineid!
Zum Chor, der sich wieder genähert
Da kommen sie nun wieder und versperren
Den Platz! Ihr Galgenschwengel, wollt ihr fort?

Chorführer: Bei Zeus, sie kommen wirklich jetzt heraus!

Der Chor tritt zurück. Die Spartaner treten auf

Ein Spartaner *zum Flötenbläser*:
My Liebe, nimm dys Instrument a ds Mul!
Mer wei eis tanze u de uf d' Athener
Es Loblied singen und o grad uf üs!

Athener: Ja, nimm dein Instrument und spiel uns auf:
Wie freu' ich mich auf den Spartanertanz!

Gesang und spartanischer Nationaltanz

Spartaner: Mnemosyne,
Mach mer jiz die Bube z'tanze,

Hilf es Lied is singe, du hesch ja
Gseh, wie mer einisch, mir und d' Athener
Gfochte hei! – Was die uf d' Schiff los
Gfahre sy, und wie der Tüfel
Bei Artemision
Hei uf d' Perser klopfet!
Üs het der Leonidas
Gführt, wie d' Wildsäu hei mer d' Zähn
Gwetzt, und über üsi Backe
Ist der Schweiß i Bäche abegloffe
Uf my armi Seel, und sogar dür d' Bei ab.
Do sy grüslich viel so Perser
Gfalle, meh als Sand am Meer! –
Wildbrettöteri, Jägeri, Artemis,
O du göttlichi Jumfere, chum jiz
Zum Friedensbündnis,
Und loh das so grad nid verschryße!
Loh geng
Üs leben i Fründschaft und Frieden
U Herrlichkeit! – U de schlaue Fuchs –
Dene gä mer deh eis der Abschid!

So chum doch, so chum,

Du göttlichi Jägeri!

Lysistrate kommt mit den Frauen heraus

Lysistrate: Nun kommt, da alles glücklich abgemacht!

Nehmt diese Frau'n, Spartaner! Aber ihr,

Zu den Athenern

Da stellt euch her: zu jedem Weib ein Mann,

Zu jedem Mann ein Weib! – Zum Dank den Göttern

Laßt, froh des Glücks, uns tanzen! Doch in Zukunft,

Habt acht, daß ihr zum zweitenmal nicht frevelt!

Der Chor der Athener: Tanzet den Reigen, die Grazien ruft,

Rufet auch Artemis, rufet den gütigen

Zwillingsbruder, den Jubelgott,

Ruft auch den nysischen

Bakchos, umschwärmt von Mainaden, den jauchzenden,

Rufet die Götter all', daß sie uns Zeugen sei'n,

Ewig gedenksame, dieses gesegneten,

Herzen erfreuenden Bundes, den gnädig uns

Kypris gestiftet, die göttliche!

Allala! Io! Paian!

Springt in die Lüfte, Triumph!

Lustig, wie Sieger: Triumph!
Juhe! Juhe! Juhe! Juhe!

Chorführer *zum Chor der Spartaner:*
Jetzt, Spartaner, singt auch ihr
Von neuem ein neues Lied!

Chor der Spartaner: Chum, spartanischi Mus' vo schöne Flüehne,
Vom Taygetos aben, u hilf is lobe
Und pryse üse Gott vo Amyklai
Und d' Göttin im ehrige Tempel
Und die rüstige Tyndaride,
Die am Eurotas sich umetummle!
Juhe, tanzet und springet,
Juhe, schlingget brav d' Bei uf! –
D' Stadt Sparta wei mer eis b'singe:
Da tut me gern de Göttere
Zu Ehre mitspringe und tanze,
Und wie d' Fülleni gumpen ech
D' Meitscheni am Eurotas,
Dräje und schlinggen ech d' Bei
Hurtig im Ring um!

D' Haar leut flüge, wie Bakchantinne,
D' Lanze schwinget und springet!
Vorus geit der Leda ihri Tochter,
Die heiligi, schöni Chorführeri.
Lyret ech jiz wieder d' Binden um ds Haar
Und schlaht eui Bei früsch i d' Höchi,
So flingg wie d' Hirze, u chlopfet i d' Händ,
Chlopfet zum Tanze der Takt
U pryset no einisch die Göttin im ehrige
Tempel, die großi
Allüberwinderi!